À Hélène...
Pour avoir permis à OUTILS POUR LA VIE de voir le jour,
par ta présence bienveillante et ton support inconditionnel.
Pour ton accompagnement et tes précieux conseils à chaque
étape du processus.

À Michèle...
Pour avoir manié simplicité et richesse des mots dans
la création de l'univers littéraire des contes.

Et...
Pour l'engagement, la confiance, l'ouverture, la persévérance
et la synergie ayant nourri cette précieuse collaboration à trois.

J'offre toute ma joie et ma gratitude.
Mille fois merci!!

Outils pour la vie
Pour la confiance et l'estime de soi

Papa Soleil et maman la Terre créent la vie

La respiration/Garder ou retrouver son rythme

Respirer est essentiel à la vie; bien respirer est un outil
formidable pour garder ou retrouver le calme et la paix en étant
à l'écoute de son corps et de son rythme personnel.

Il était une fois, au milieu des étoiles,
une planète bleue qui s'appelait la Terre.

Son voisin, un astre brillant de mille feux
qui la regardait tourner, s'appelait le Soleil.

La Terre portait beaucoup d'eau qui recouvrait presque totalement le sol. Le Soleil était très chaud et lumineux.

Chaque jour, la Terre et le Soleil se parlaient et apprenaient à se connaître. Un matin, ils découvrirent que leurs coeurs débordaient d'amour.

Le temps passait; la Terre et le Soleil s'aimaient de plus en plus. Ils eurent envie de créer ensemble un jardin.

Ils s'amusaient beaucoup, cherchaient des idées pour leur projet et lui trouvèrent même un nom...
Ils l'appelèrent la Vie.

La Terre décida de partager un secret avec le Soleil : j'ai découvert qu'il y a un merveilleux arc-en-ciel de sagesse au fond de tous les coeurs, expliqua-t-elle. Le Soleil fut tout ému !

Ils rêvaient à leur jardin.
C'est la Terre qui porterait la Vie et elle commença à se préparer avec l'aide de son compagnon.

Le Soleil réchauffait la Terre, et l'eau s'évaporait petit à petit.
Parfois, des nuages envahissaient le ciel et parfois il pleuvait,
mais la douce chaleur du Soleil revenait toujours.
La planète bleue changeait, et le sol était de plus en plus visible.

Enfin, le jardin apparut !

La Terre et le Soleil étaient ravis d'être devenus maman et papa.
Ils rayonnaient d'amour.

Mais un matin, ils s'aperçurent que le jardin avait mauvaise mine. Inquiets, maman la Terre et papa Soleil demandèrent conseil à une fidèle amie.

La Lune rassura ses amis : c'est en apprenant à bien respirer que maman la Terre permettra au jardin de s'épanouir, expliqua-t-elle. Mais comment faire ? demandèrent maman la Terre et papa Soleil.

– Chère Terre, as-tu oublié ton arc-en-ciel de sagesse? dit en souriant la Lune.

Maman la Terre ferma alors les yeux pour ressentir ce qu'il y avait au fond de son coeur.

Une douce sensation l'imprégna et un sage lui apparut sous la forme d'un lutin rouge.

Rouge guida maman la Terre :
– Inspire lentement par le nez et sens ton ventre
qui se gonfle... Ensuite, souffle doucement par
la bouche et sens ton ventre qui se dégonfle.

En respirant avec douceur et à son rythme,
maman la Terre ressentit un grand bien-être.

À son tour, maman la Terre parla au jardin de l'arc-en-ciel de sagesse que chacun possède au fond de lui.

Elle expliqua comment aller dans son coeur pour rencontrer le lutin Rouge, ce merveilleux sage qui aide à trouver une respiration lente et profonde.

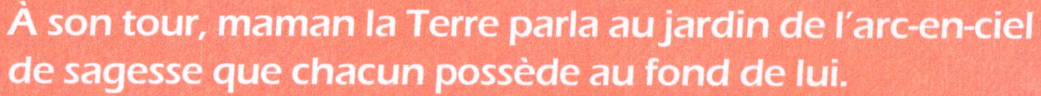

Et avec amour, elle proposa au jardin d'apprendre à bien respirer.

Le jardin a appris à respirer
et il s'épanouit de plus en plus.
Il prend de longues inspirations...
Hmffffffffffffffffff!

... suivies de longues expirations.
Pffffffffffffffffffffffffffff !
Inspire. Hmffffffffffffffffffff !
Expire. Pffffffffffffffffffffffffffffff !
Inspire. Hmffffffffffffffffffff !
Expire. Pffffffffffffffffffffffffffffff !

Tous les habitants du jardin connaissent maintenant l'arc-en-ciel de sagesse.

Quand ils se sentent moins bien, ils s'arrêtent un instant, ferment les yeux et pensent au lutin Rouge; ils prennent le temps de respirer lentement et profondément pour retrouver leur bien-être.

Dans le ciel, quelques étoiles filantes
font la fête pour maman la Terre et papa
Soleil qui enveloppent d'amour le jardin.

Maman la Terre respire avec confiance,
et papa Soleil raconte parfois l'histoire
du lutin Rouge.

Et la Lune?
Elle est encore auprès de ses amis.
Ravie, elle sourit dans le ciel et elle veille sur le jardin endormi. Elle sait qu'un coeur rempli d'amour est un trésor extraordinaire pour la Vie.

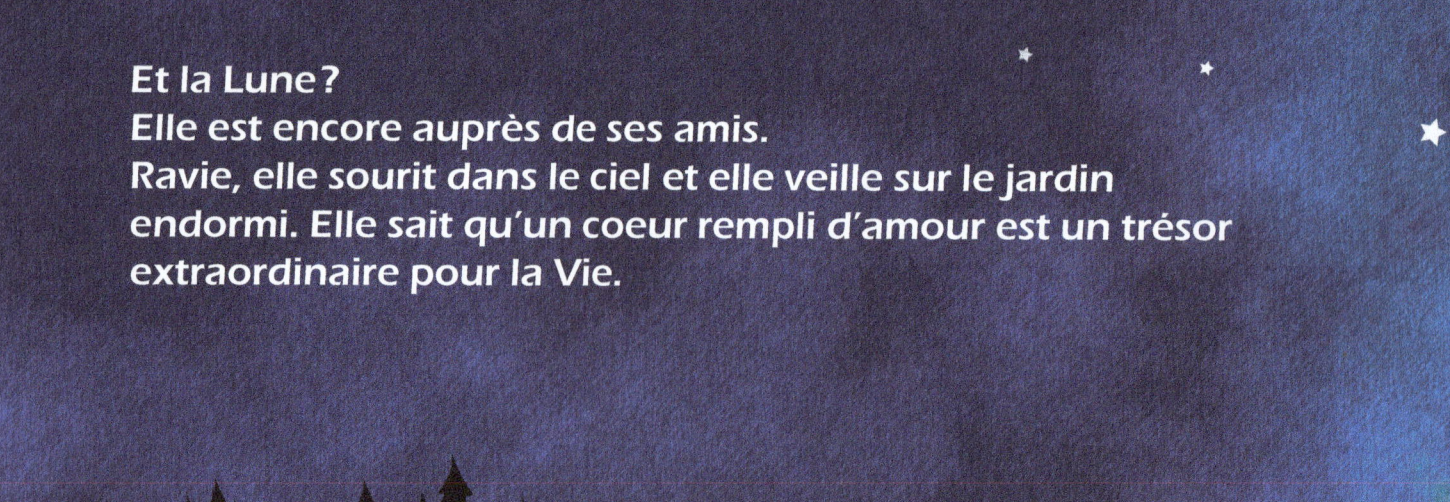

Rappelle-toi...

Comment faire pour respirer comme maman la Terre?

Ferme les yeux et dépose une main sur ton coeur, et l'autre main sur ton ventre. Inspire doucement par le nez, et expire doucement. Sens ton ventre qui se gonfle et se dégonfle. Fais-le trois fois.

Pourquoi est-ce important de respirer ainsi?

Si tu sens le besoin de te détendre, respirer de façon lente et profonde aidera ton corps et ton coeur à s'apaiser et à refaire le plein d'énergie. Ce petit moment de douceur peut vraiment t'aider à retrouver ton rythme et à passer une belle journée!

Et si je suis trop agité ou énervé?

Même si tu es agité ou énervé, prends le temps de respirer doucement et profondément. Cela t'aidera à retrouver ton calme et ton bien-être.

Outils pour la vie

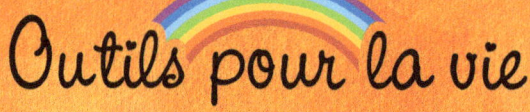

Pour la confiance et l'estime de soi

Grujo et l'arc-en-ciel intérieur

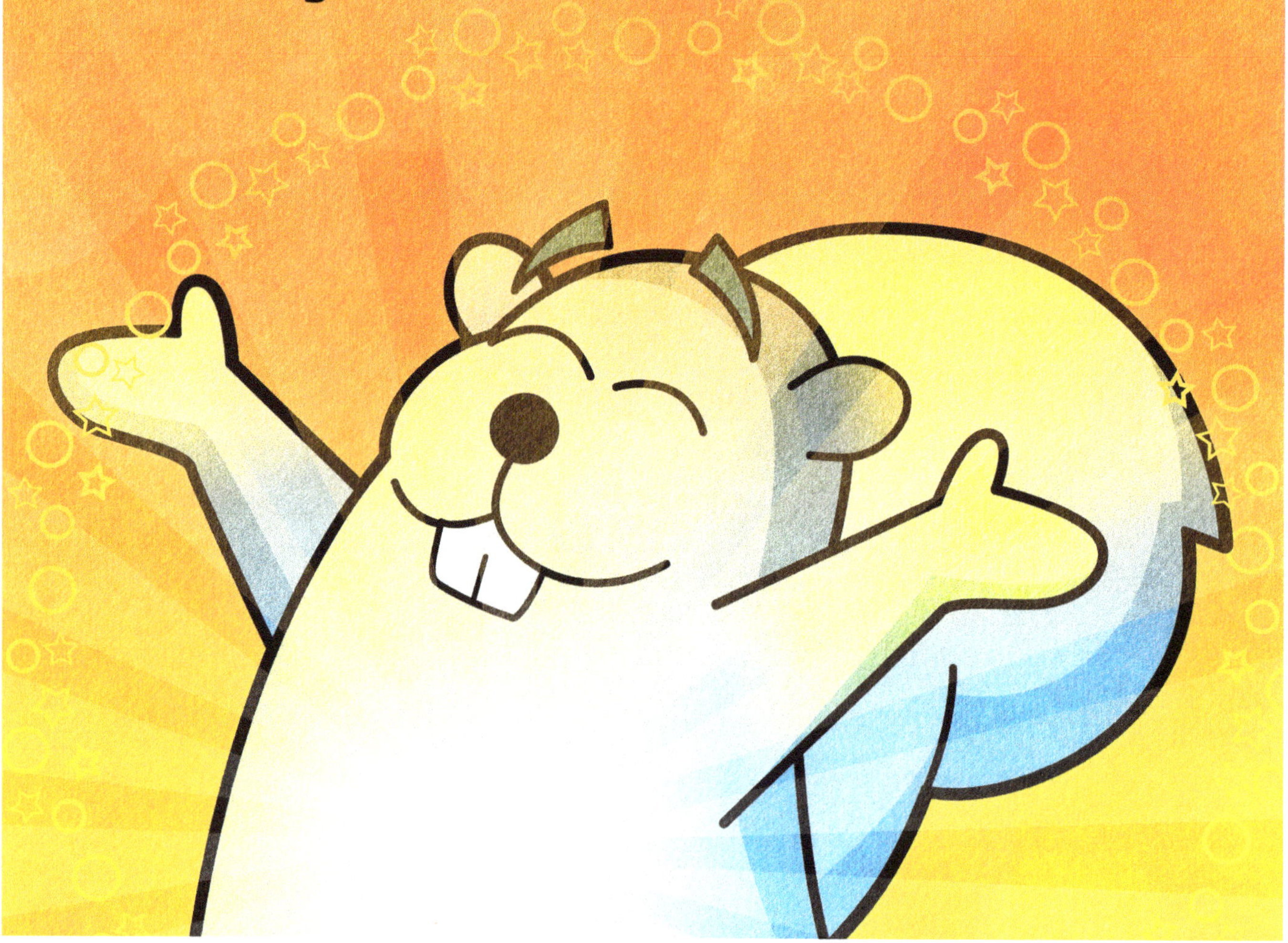

La méditation/Retrouver son calme intérieur

En chacun, il y a un havre de paix et de sagesse;
la méditation est un outil pour établir ou rétablir le contact
avec cet espace personnel.

Papa Soleil et maman la Terre ont créé
un magnifique jardin qu'ils aiment énormément.
Leur coeur est rempli d'amour et de joie.

Cependant, il y a des coins du jardin qui semblent s'assombrir. Papa Soleil et maman la Terre voient parfois de la tristesse.

– Comment aider le jardin à retrouver la joie?
s'inquiète maman la Terre.
– J'ai demandé conseil à notre amie la Lune,
dit papa Soleil, et je vais m'en occuper.

Papa Soleil parcourt le jardin et tout à coup,
il entend un petit écureuil pleurer.
– Bonjour Grujo, dit papa Soleil. Que t'arrive-t-il?
– Tout va mal, sanglotte le petit écureuil. Je me sens seul. Tout est gris!

– Oh! C'est vrai que la tristesse ressemble à de gros nuages gris, répond papa Soleil, mais sais-tu qu'il y a un très bel arc-en-ciel dans ton coeur?

Grujo ne comprend pas ce que raconte papa Soleil.
– Comment peut-il y avoir un arc-en-ciel dans mon
coeur? interroge-t-il.

– Viens avec moi, propose papa Soleil.
Trouvons un coin tranquille, et je vais t'expliquer
comment le découvrir.

Grujo s'est installé près de la cascade
pour écouter papa Soleil parler de l'arc-en-ciel.
Assis confortablement, il entend le chant de l'eau
et il ferme les yeux.

Tout d'abord Grujo, dit papa Soleil, inspire lentement
en gonflant tranquillement le ventre.
Puis expire tout doucement. Encore...
Inspire. Hmfffffffffffffffffffffff!
Expire. Pffffffffffffffffffffffffffff!

Grujo prend plusieurs respirations
lentes et profondes.

Grujo se sent plus calme.
Un lutin orange apparaît et lui parle avec gentillesse.

– Imagine que tu es en haut d'un escalier, dit Orange.
Commence lentement à descendre les marches.
7... 6.... 5..... 4...... 3....... 2.......1
Devant toi, il y a une porte, et nous allons l'ouvrir ensemble
pour découvrir un endroit extraordinaire.

Le petit écureuil est bien, il écoute les paroles d'Orange. Maintenant, dit le lutin, imagine que tu arrives dans un très beau jardin.

Il y a des arbres magnifiques, des fleurs de toutes les couleurs, une belle rivière...
– Regarde toutes les merveilles qui apparaissent.

Grujo poursuit la découverte de ce jardin intérieur avec le lutin. Il prend tout son temps pour l'explorer. Enfin, Orange lui montre le bel arc-en-ciel dont avait parlé papa Soleil.

Le petit écureuil se sent enveloppé par une belle lumière orange. Il ressent beaucoup de douceur; cela ressemble à l'amour de maman la Terre.

Orange dit alors à Grujo :
– Chaque fois que tu le souhaites, tu peux descendre l'escalier et venir dans cet endroit. La lumière de ton arc-en-ciel de sagesse t'aidera à chasser les nuages gris. Même si tu ne la vois pas, cette lumière est toujours présente dans ton coeur.

Papa Soleil caresse doucement
Grujo qui ouvre les yeux et sourit.
Les nuages sont partis !

– Dis-moi papa Soleil, c'est quoi la sagesse?
– C'est quand on écoute ce qu'il y a dans notre coeur et parfois... on a besoin d'aide pour bien entendre, alors les lutins nous accompagnent.

Papa Soleil salue Grujo et il poursuit sa route. Petit à petit, les coins gris du jardin reçoivent sa visite et apprennent l'importance de retourner dans leur coeur pour retrouver le bien-être.

Ce soir là, avant de se coucher, Grujo a pensé au lutin. Il a aussi songé à maman la Terre et à papa Soleil en se rappelant leur amour.

Dans le jardin veillé par la Lune, on entend un doux murmure, celui des rires et de la joie retrouvée.

Rappelle-toi...

Comment faire pour retrouver ma joie?

Quand tu prends le temps de méditer et d'aller dans ton cœur pour retrouver ton arc-en-ciel intérieur, cela t'aide à disperser les nuages de tristesse. La joie réapparait, comme le soleil après la pluie.

Si je médite et que ma tristesse ne s'en va pas, que faire?

Si la tristesse demeure en toi ou si elle revient trop souvent, partage ton chagrin ou ton inquiétude à un adulte de confiance qui saura t'écouter.

Si je ne suis pas triste, à quoi sert la méditation?

Quand tu as besoin d'un moment de calme, et peu importe où tu te trouves, tu peux prendre quelques minutes pour méditer. Tu peux aussi méditer pour le simple plaisir d'être bien!

Outils pour la vie

Pour la confiance et l'estime de soi

Colin découvre la confiance

L'enracinement/Développer la confiance et la force

Grandir est une succession d'étapes importantes
qui s'accompagnent parfois d'hésitations et de peurs;
la confiance en soi solidifie la base, les racines...

La tempête fait rage!
Le vent secoue furieusement les grands chênes
du jardin et tout à coup... un gland se détache
et est propulsé très loin de chez lui.

Dans sa course, le gland s'est fracassé sur une pierre, et la graine qu'il contenait s'est échappée. Heureusement, maman la Terre l'accueille et l'enveloppe de son amour.

La petite graine est bien contente. Maman la Terre la nourrit et papa Soleil réchauffe le sol. Il est temps de se choisir un nom : ce sera Colin, décide la petite graine.

Papa Soleil et maman la Terre accompagnent Colin dans sa croissance et l'enveloppent de leur douce présence et de soins attentifs.

– Plus je grandis, plus je m'éloigne de maman la Terre, remarque Colin. Grandir fait parfois un peu peur !

Colin est inquiet et ne peut dormir.
Il se demande ce qui se passe
quand on devient un grand chêne.

– Que va-t-il m'arriver? dit-il à la
Lune toute ronde dans le ciel.

La Lune a entendu Colin et lui répond :
– À l'intérieur de ton coeur, il y a un
sage pour t'accompagner et t'aider.

– Je n'ai jamais vu de sage, s'inquiète Colin,
et je ne sais pas comment le trouver...
– Je vais t'expliquer, dit la Lune avec douceur.

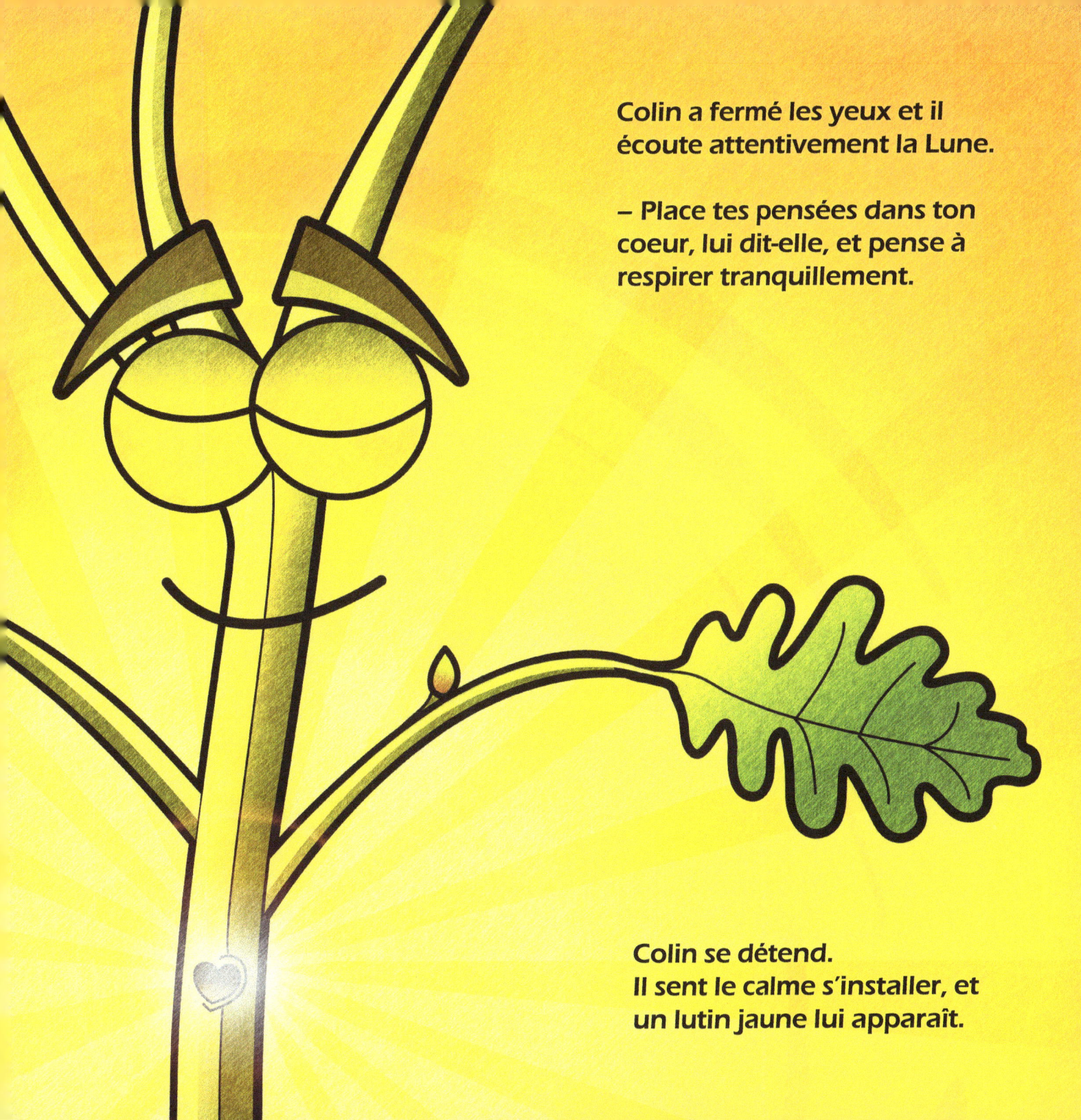

Colin a fermé les yeux et il écoute attentivement la Lune.

– Place tes pensées dans ton coeur, lui dit-elle, et pense à respirer tranquillement.

Colin se détend.
Il sent le calme s'installer, et un lutin jaune lui apparaît.

– Vois-tu Colin, explique le lutin, à l'intérieur de
ton coeur il y a beaucoup d'amour et de force.
Cela circule à l'intérieur de toi, comme ta sève.

Colin ressent un grand bien-être et il a
l'impression qu'une belle lumière jaune l'habite.

– Maintenant, poursuit le lutin, imagine que tu vois le bout de tes racines. Elles sont solidement ancrées dans le sol et en contact avec l'amour de maman la Terre. Colin perçoit ses racines et toute la force qui circule en lui.

Tu peux sentir cette solidité chaque fois que tu en as besoin, dit encore Jaune. C'est cela qui te donnera la confiance pour grandir.

Colin a grandi et est devenu un beau chêne. Régulièrement, il retourne dans son coeur pour retrouver Jaune et pour contacter son bien-être et sa confiance en lui.

Un matin, les oiseaux affolés passent devant Colin. Un vent terrible se lève à l'autre bout du jardin, crient-ils en se sauvant... Colin frémit. Il voit le vent déchaîné qui approche et il sent monter la peur.

Il ferme les yeux, descend dans son coeur
et contacte toute sa force et sa confiance.
– J'ai des racines solides, se dit alors Colin,
et je ne peux pas m'envoler !

Quand le vent arrive, Colin le regarde sans crainte. Il bouge un peu sous les bourrasques, mais il a confiance dans la force de ses racines. Il est fier de lui.

Le temps a passé. Dans le jardin, un chêne se balance doucement. Il ne craint ni les vents menaçants ni les orages. C'est Colin qui étend ses branches vers papa Soleil et ses racines vers maman la Terre.

Rappelle-toi...

Est-ce normal d'avoir peur et d'être inquiet?

Bien sûr... Cela arrive même aux grandes personnes! Mais plus la confiance grandit en toi, moins il y a de place pour la peur et les inquiétudes.

Comment la confiance peut-elle grandir en moi?

En toi se trouvent de la force et du courage… mais parfois, il arrive que tu l'oublies ou que tu crois qu'il n'y en a plus. C'est en te rappelant que ce trésor est toujours en toi que tu peux faire grandir ta confiance. Cela t'aidera à devenir aussi solide qu'un arbre qui fait confiance à ses racines même en pleine tempête.

Puis-je me faire des racines comme un arbre?

Absolument! Les yeux fermés, respire doucement, et imagine des racines à partir de ton ventre qui vont dans la Terre. Imagine la force qui remonte en toi, des pieds à la tête, comme la sève d'un arbre. Tu peux faire tes racines à tout moment de la journée!

La connaissance de soi/Aimer et apprécier

Établir des relations saines avec les autres suppose que la confiance en soi et l'estime de soi soient de plus en plus présentes; apprendre à s'apprécier est un cadeau pour la vie.

C'est une magnifique journée.
Colin, le chêne, se laisse bercer par la brise et il
remarque un petit écureuil qui s'approche en sautillant.

– Bonjour, dit joyeusement l'écureuil.
Je m'appelle Grujo! Et toi?

Le chêne rougit un peu... et répond timidement
– Je m'appelle Colin.

Tout à coup, un gland se détache
et Grujo le regarde avec gourmandise.

– Est-ce que je peux le manger? demande-t-il.
Colin hésite un peu, mais il finit par accepter.

Colin observe Grujo qui se régale.
– Il a l'air bien gentil cet écureuil, pense-t-il.
– C'était délicieux, s'exclame Grujo. Merci beaucoup! Au revoir...

Le lendemain, Grujo revient voir Colin.
– Bonjour Colin, je suis content de te voir !
– Bonjour Grujo ! Moi aussi je suis content.
Aimerais-tu manger un gland ce matin ?

– Oh oui, répond ravi le petit écureuil.
C'est très gentil à toi.

Grujo déguste ce cadeau en racontant à Colin
une de ses nombreuses aventures dans le jardin.

Au fil des jours, Colin et Grujo apprennent à se connaître. Le chêne est de plus en plus confiant et il a beaucoup de plaisir à retrouver Grujo.

L'écureuil, espiègle, aime courir sur le tronc du bel arbre et sauter de branche en branche. Quel bonheur d'avoir un ami !

Ce matin, Colin est inquiet. Grujo n'est pas venu le saluer comme d'habitude !

Le temps passe, et la tristesse envahit Colin. Il se demande si Grujo l'a oublié.
– C'est sûrement parce que je n'ai plus de glands à offrir, se dit Colin... et il confie son chagrin à maman la Terre.

– Cher Colin, dit avec amour maman la Terre,
même si tu ne portes plus de fruits pour l'instant,
tu es toujours un magnifique et gentil chêne.

– Mais Grujo n'est pas venu, s'écrie Colin...
peut-être qu'il ne m'aime plus !

– Et toi, répond maman la Terre, que penses-tu
de toi ? Colin est bien embêté, il ne sait quoi
répondre à maman la Terre...

Papa Soleil a tout entendu... il propose son aide à Colin.
– Pour répondre à cette question, dit papa Soleil, il faut
d'abord respirer calmement...
– Inspire... Expire...

Colin ferme les yeux et respire profondément.
Il sent le calme s'installer.

Guidé par papa Soleil, Colin descend dans son coeur et pense à son bel arc-en-ciel de sagesse. Un lutin vert apparaît et lui parle doucement.

– Ton coeur ressemble à un coffre, explique Vert.
Il contient, par exemple, ta joie de vivre, ta gentillesse,
ta confiance en toi. Quand le coffre est ouvert, l'amour
jaillit en toi et tu peux le sentir.

Parfois, quand tu crois que l'on t'aime moins, quand
tu es triste ou déçu, tu fermes un peu le coffre de ton
cœur et tu sens moins l'amour.

Colin écoute attentivement le lutin.
– Vois-tu Colin, tu es le seul à pouvoir ouvrir ou fermer le coffre.
Ton trésor intérieur est merveilleux et personne ne peut te
l'enlever. Ce trésor... c'est toi !

Colin se laisse guider par les conseils de Vert et il imagine
l'ouverture de son coeur.

Une belle lumière verte enveloppe Colin. Il y a beaucoup de douceur et d'amour. Le lutin explique à Colin que le trésor est toujours là, dans son coeur, même quand Grujo est absent et qu'au fond de lui, il y a les souvenirs inoubliables des bons moments passés avec son ami.

Colin est heureux...
Il comprend qu'il peut en tout temps
se sentir bien, même s'il est seul.

Toc...Toc...
Grujo frappe doucement sur le tronc
de Colin qui ouvre les yeux tout surpris.

– Je suis là, dit le petit écureuil. Je suis allé faire une grande
promenade dans le jardin. J'ai un tas de choses à te raconter!
– Moi aussi, dit Colin, mais il fait un peu frais... Veux-tu grimper
te mettre à l'abri au creux de mes branches?

Grujo s'est confortablement installé près de son ami Colin. Entre les branches du chêne, la Lune joue à cache cache et se réjouit d'entendre les deux amis rire et s'amuser.

Rappelle-toi...

Comment devient-on ami avec les autres?

Pour cela, tu dois oser ouvrir ton cœur aux autres afin qu'ils puissent mieux te connaître. Cela te demandera de vaincre ta peur et d'avoir confiance en toi, mais aussi de faire confiance aux autres, même si cela est parfois gênant au début.

Est-ce normal d'avoir peur au début?

Quand tu rencontres une personne pour la première fois, tu ne sais pas ce qu'elle va penser de toi, et cela fait parfois un peu peur. À force de mieux se connaître et de se faire confiance, l'amitié entre deux personnes grandit et la peur s'en va.

Qu'est-ce qu'un véritable ami?

Un véritable ami est quelqu'un qui t'apprécie tel que tu es, qui aime passer du temps avec toi et qui te veut du bien. Si un conflit surgit, c'est important d'expliquer à ton ami comment tu te sens, et d'écouter comment lui se sent, afin de pouvoir trouver une solution qui plaira aux deux.

La collection de livres

Outils pour la vie
Pour la confiance et l'estime de soi

1 **Papa Soleil et maman la Terre créent la vie**
La respiration/Garder ou retrouver son rythme

Respirer est essentiel à la vie; bien respirer est un formidable outil pour retrouver le calme et la paix en étant à l'écoute de son corps et de son rythme personnel.

2 **Grujo et l'arc-en-ciel intérieur**
La méditation/Retrouver son calme intérieur

En chacun, il y a un havre de paix et de sagesse; la méditation est un outil pour établir ou rétablir le contact avec cet espace personnel.

3 **Colin découvre la confiance**
**L'enracinement/
Développer la confiance et la force**

Grandir est une succession d'étapes importantes qui s'accompagnent parfois d'hésitations et de peurs; la confiance en soi solidifie la base, les racines…

4 **Colin, Grujo et l'amitié**
La connaissance de soi/Aimer et apprécier

Établir des relations saines avec les autres suppose que la confiance en soi et l'estime de soi soient de plus en plus présentes; apprendre à s'apprécier est un cadeau pour la vie.

5 **Le choix…**
Le discernement/Être à l'écoute de soi

Apprendre à écouter la petite voix intérieure et à lui faire confiance, c'est apprendre à garder son cap dans toutes les situations.

6 **Le courage de Colin**
L'affirmation/Se faire confiance

S'affirmer n'est pas s'opposer, mais s'appuyer, avec confiance, sur l'estime de soi pour prendre sa place et la conserver dans le respect de soi et des autres.

7 **Trop… c'est trop!**
Le respect de soi/Oser être soi-même

Établir une bonne communication implique aussi d'exprimer ses émotions et son état d'être de façon adéquate. Cela ressemble, parfois, à un défi!

8 **Grujo retrouve son bien-être**
**La responsabilisation de soi/
Encourager l'autonomie**

Grandir, c'est aussi apprendre à gérer ses émotions, acquérir de plus en plus d'autonomie et également se responsabiliser.

Les ateliers

Outils pour la vie
Pour la confiance et l'estime de soi

Conçus spécialement pour les petits, les ateliers sont l'occasion d'explorer en groupe les différentes thématiques abordées dans les histoires de la collection Outils pour la vie. Accessibles et variés, ils permettent d'outiller l'enfant afin qu'il puisse mieux se connaître et renforcer sa confiance et son estime de soi.

La méditation...

Élément-clé des ateliers, la méditation est un merveilleux outil d'autorégulation physiologique, mentale, et émotionnelle que les enfants peuvent apprendre facilement.

Pour en savoir plus, consultez le site Internet :

www.outilspourlavie.com